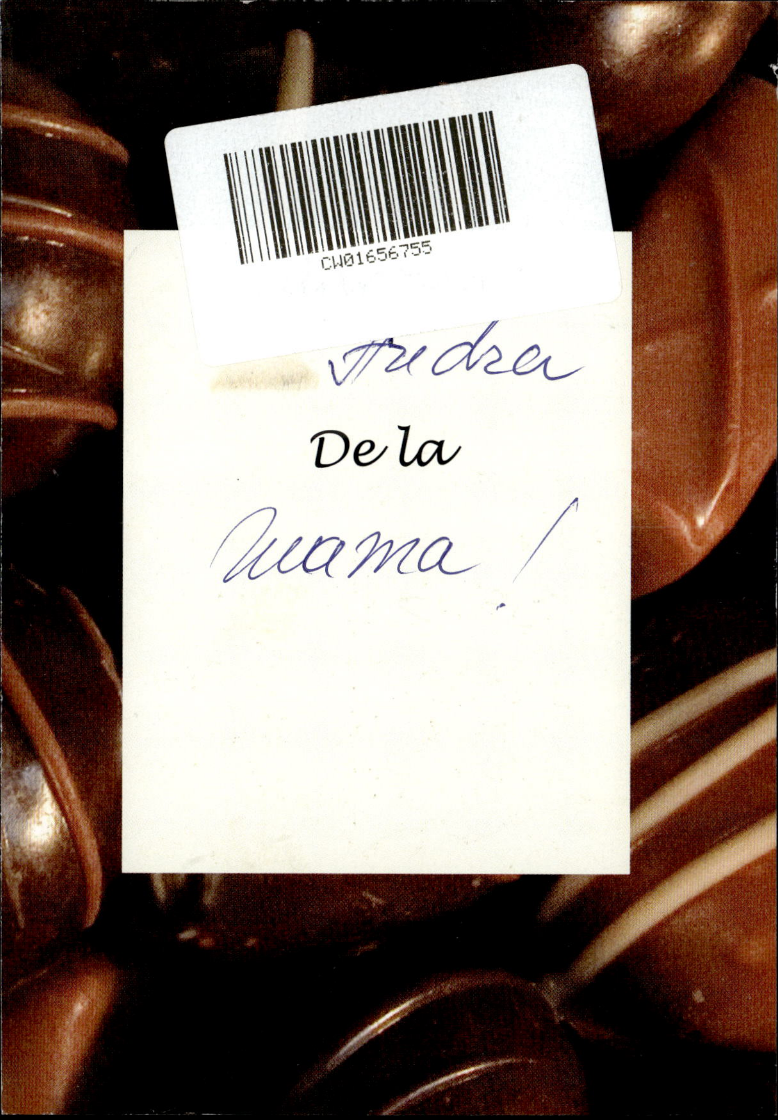
De la
mama !

Chocolate Heaven ...irresistibly gorgeous
Published in 2015 by Helen Exley® Gift books in Great Britain.
Photography by Richard Exley © Helen Exley Creative Ltd 2015 and
© www.foodanddrinkphotos.com 2015.
Design, selection and editing by Dalton Exley © Helen Exley
Creative Ltd 2015.

Scrisă de Caroline Ball, Pam Brown, Stuart și Linda Macfarlane © Helen Exley Creative Ltd 2015. Herman A. Berliner, Ph.D., din prefața cărții "Chocolate - Food of the Gods", cu permisiunea autorului Herman A. Berliner, Ph.D., Hofstra University. Sandra Boynton, din "Chocolate: The Consuming Passion", Workman Publishing (c) 1982 Sandra Boynton, All Rights Reserved. Christine McFadden și Christine French, din "Chocolate", publicată de Anness Publishers 1997, 1999. Geneen Roth, autor al "Women Food and God", extras din "The Daily Telegraph", 21 aprilie, 2000, cu permisiunea lui Geneen Roth & Associates, Inc. Sara Jayne-Stanes, din "Chocolate: The Definitive Guide", publicat de Grub Street, London 2005. Alex Szogyi, din "Chocolate - Food of the Gods", editată de Alex Szogyi, prefață de Herman A. Berliner (c) Hofstra University 1997. Reprodus cu permisiunea ABC-CLIO, Santa Barbara, CA. Debra Waterhouse, din "Why Women Need Chocolate", publicat de Vermillion/Random House (UK) 1995, cu permisiunea autorului.

CIOCOLATA ...un Paradis irezistibil

Traducere: Bianca Vasilescu

ISBN 978-606-8290-64-5

Editura **HELEN EXLEY.COM**
Bd. Constructorilor nr. 20A, et. 3, sector 6, cod 060512 – Bucureşti
Departamentul Vânzări: 021 402 26 82, 021 402 26 88;
fax: 021 402 26 82
Comenzi la: mihaelab@all.ro

www.all.ro, www.exley.ro

Ne puteți găsi pe Facebook și Twitter.

Ciocolata

...un Paradis irezistibil

Helen Exley®

Ciocolata este unică. Principalul secret al plăcerii subtile pe care o oferă este acela că este singura substanță care se topește la temperatura sângelui, explodând delicat într-un lichid cald, senzual, umplându-ți gura cu un sentiment incomparabil, hedonistic, ce este atât de bun încât simți că nu trebuie să te oprești. Acesta este extazul ciocolatei, iar această experiență glorioasă și extrem de satisfăcătoare a reușit să aducă ciocolatei un rol în orice, de la seducție și sănătate la politică, religie și sclavie.

Sarah Jayne-Stanes,
din „Chocolate: The Definitive Guide"

DENUMIREA ȘTIINȚIFICĂ
A ARBORELUI DE CACAO,
THEOBROMA,
ÎNSEAMNĂ „HRANA ZEILOR"...

Din „Victoria Magazine"

Dorită, sexi,
după care îți plouă în gură –
am putea discuta ore întregi
despre bucuriile pe care
ni le aduce ciocolata.

Anonim

Ciocolata este nebunie;
ciocolata este plăcere.

Judith Olney

Ciocolata –
este pur și simplu divină.

Anonim

În momentele de liniște,
deseori un lux, câteodată o indulgență,
un lucru absolut necesar, o diversiune
obraznică – orice, noi femeile
o iubim și avem nevoie de ea.

Tiffanie Darke

Banii vorbesc.
Ciocolata cântă. Superb.

Anonim

Pentru azteci, ciocolata era o sursă de înțelepciune spirituală, energie și puteri sexuale sporite. Băutura era extrem de prețuită ca un supliment nupțial și, previzibil, era băutura preferată la ceremoniile nupțiale. Împăratul Montezuma avea reputația să consume cincizeci de carafe de ciocolată pe zi, întotdeauna consumând o cană înainte de a intra în haremul său.

Christine McFadden și Christine France,
din „Chocolate"

Nu știu dacă este vorba de cofeină sau de gustul ciocolatei, dar cu siguranță provoacă niște schimbări în chimia corpului. Este un sentiment plăcut. Te simți ca și cum ai fi îndrăgostit. Este sentimentul meu preferat. Trăiesc pentru el.

John Travolta, n. 1954,
din „The Sunday Express Magazine", 4 martie, 2001

Ciocolata neagră, subțire
și sfărâmicioasă precum porțelanul fin.
O bucurie care trebuie să continue
să existe pentru eternitate.

Pam Brown 1928-2014

CIOCOLATA ESTE DELICIOASĂ,
DECADENTĂ, DIVINĂ,
SEDUCĂTORE, DUMNEZEIASCĂ.

Anonim

Ciocolata este... sexy, vitală, păcătoasă, adictivă, obraznică.

Anonim

O femeie care privește prin vitrina unui magazin, cu lacrimi în ochi, nu își dorește diamante sau pantofi italienești. Doar ciocolată belgiană.

Pam Brown 1928-2014

Ciocolata este cel mai mare cadou
creat vreodată pentru femei,
după Paul Newman și Gene Kelly.
Ciocolata ar trebui să fie inclusă în fiecare
fel de mâncare. Este ceva ce ar trebui
consumat zilnic, chiar și în cantități mici.

SANDRA BULLOCK, n.1964

Statisticile ne spun că paisprezece din zece indivizi adoră ciocolata.

Sandra Boynton,
din „Chocolate: The Consuming Passion"

O poți folosi să îți sporești energia... și o poți consuma pentru a te liniști... Variantele mai bogate, mai negre pun punct perfect unei mese... este crocantă și totuși lichidă, adaptabilă dar de încredere, amăruie și totuși dulce – este nemărginit liniștitoare și disponibilă neîncetat. Nu există vreun motiv pentru care să vă dezamăgească.

James Runcie, în „Daily Express",
2 martie, 2001

...încă de la începuturile descoperirii sale, ciocolata a format legături complexe între oameni la toate nivelurile imaginabile – naționale, culturale, sociale, economice și spirituale. Ciocolata a avut întotdeauna impact, inițiind comentarii din partea bisericii, a medicilor, a oamenilor de știință, a reformatorilor sociali și a membrilor familiilor regale. De-a lungul secolelor a fost consumată cu poftă într-o formă sau alta de către oameni din toate clasele sociale.

Christine McFadden și Christine France,
în „Chocolate"

Ciocolată, chocolate, chocolat, cioccolato, schokolade – oricum pronunțați cuvântul, se traduce ca „senzual, reconfortant, bogat, delicios".

Caroline Ball

...atunci când papilele gustative caută stimulare, dramă și satisfacție dulce...

Lorna J. Sass, n.1945

Chimiștii și analiștii culinari vorbesc despre teobromină și cofeină și feniletilamină – dar când totul a fost spus și făcut nu este nevoie de un om de știință să ne spună că atunci când avem nevoie de un mic stimulent, ciocolata este cel mai bun lucru la îndemână.

Caroline Ball

Conține feniletilamină, o substanță eliberată de creier atunci când ne îndrăgostim. Faptul că este sau nu aceeași substanță încă se cercetează, dar posibilitatea că este aceeași explică de ce 50% dintre femeile interogate spun că ar alege ciocolata în detrimentul sexului. Conține teobromină, o substanță similară cofeinei, care influențează activitatea creierului într-un mod pozitiv prin creșterea stării de alertă, a concentrării și a funcției cognitive. Conține magneziu, un mineral implicat în producerea serotoninei și stabilizarea stării de spirit.

Debra Waterhouse, despre beneficiile ciocolatei asupra funcției creierului, din „Why Women Need Chocolate"

Majoritatea tristeților sunt atenuate de ciocolată.

Pam Brown 1928-2014

Oamenii poftesc ciocolată
pentru că le aduce cantități generoase
de plăcere estetică și senzuală.
Îi înveselește.
Ingredientul secret din ciocolată
este ciocolata. Este atât de simplu.

Jeffrey Steingarten

DE CE AU NEVOIE FEMEILE DE CIOCOLATĂ

* Are temperatura de topire de 36 de grade,
chiar sub temperatura corporală,
așa că se topește imediat și aduce
plăcere papilelor gustative într-un mod
în care niciun alt aliment nu o face.
* Este un amestec de peste 500 de arome,
așa că proprietățile senzoriale sunt de
neegalat de către oricare alt aliment.
*Ne-a fost oferită ca recompensă încă din
copilărie atunci când făceam curat în cameră
sau mâncam toate legumele din farfurie.
*A avut proprietăți medicinale când în copilărie
ne juleam genunchii sau ne simțeam triști.
* Continuă să fie cel mai frecvent cadou
oferit pentru a declara dragostea,
aprecierea și recunoștința.

Debra Waterhouse,
din „Why Women Need Chocolate"

O cutiuță mică de
ciocolățele de lux spune
o mie de „mulțumesc“ gazdei,
mamei sau iubitei.
Ciocolata spune și „succes“,
„felicitări“, „drum bun“
și „îmi pare rău“.

Michel Richart, din „Chocolate"

Uită de flori și parfumuri. Pentru un cadou cu adevărat romantic cumpără-i persoanei iubite o cutie cu cele mai bune bomboane de ciocolată. Nu doar pentru a o face fericită, ci și pentru că ciocolata este un puternic afrodisiac și vei avea garantată o noapte de pasiune de neuitat. Și mult mai important, mai mult ca sigur vei primi cel puțin jumătate din ciocolată.

Stuart și Linda Macarlane

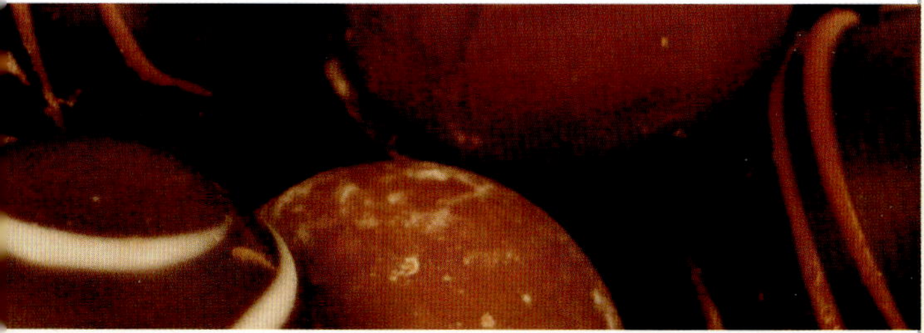

Ține o bucată de ciocolată în mână
și miroase-o. Freac-o ușor
de buze și savurează fiecare parte
a experienței. Atunci când o ai în gură
acordă atenție modului în care gustul se
prezintă, exploziei de senzații
de pe limbă și cum o simți în gât.
Vei fi uimit de cât de diferită
este experiența atunci când inhalezi
și savurezi ciocolata și
îi acorzi atenția meritată.

Geneen Roth, din „The Daily Telegraph"

Motivele pentru care ciocolata este mai bună decât o femeie

Ciocolata nu te face niciodată să aștepți. Ciocolata nu devine geloasă atunci când te uiți la un alt baton de ciocolată. Nu trebuie să cumperi o cutie de bomboane de ciocolată pentru o cutie de bomboane de ciocolată. Ciocolata nu vorbește neîncetat în timpul unui meci de fotbal. Ciocolata nu se așteaptă să ții minte ziua în care v-ați cunoscut. Ciocolata nu încearcă niciodată să stea de vorbă cu cel mai bun prieten al tău. Ciocolata nu are nevoie de un angajament pe termen lung.

Stuart Macfarlane, n. 1953

Ciocolata este...
lipicioasă, sublimă, aromată,
sățioasă, seducătoare.

Anonim,
din „The Little Book of Chocolate"

Ciocolata nu cunoaște granițe; vorbește toate limbile; vine în toate mărimile; este înrădăcinată în multe culturi și discipline; și, asemenea Chinei, are o istorie îndelungată. Ea are efect asupra stării de spirit, sănătății și economiei, și face parte din viața noastră din copilărie și până la adânci bătrâneți. Sunt costuri asociate cu ciocolata și este magie. Cineva poate iubi ciocolata, o poate studia. Eu le fac pe amândouă... Ciocolata este atât o industrie cât și o senzație. Și o bucurie.

Herman A. Berliner,
din „Chocolate: Food of the Gods"

A te săruta după ce ai mâncat ciocolată, lasă aroma ciocolatei pe buzele amândurora și odată ce v-ați sărutat așa devine chiar mai romantic.

Lil Olsen, n. 1920
din „Hooked – Britain in Pursuit of Pleasure 1900-1975"

Există un singur lucru mai bun ca sexul ilicit – ciocolata ilicită.

Dorothy Koomson,
din „The Chocolate Run"

Nu trebuie să fiu foarte atentă la siluetă pentru că oricum nu am una de invidiat. Ceea ce vedeți acum este rezultatul unei vieți pline de ciocolată.

Katharine Hepburn
1907-2003
despre cum se menține la modă

Ciocolata nu face Pământul să se învârtă... dar cu siguranță face călătoria să fie mai plăcută!

Stuart și Linda Macfarlane

Ciocolata poate face lucruri grozave pentru starea de bine. Poate să compenseze dezamăgirile, să calmeze frustrările, poate oferi bucurie și confort – poate chiar să inspire dragoste.

Sandra Boynton
din „Chocolate: The Consuming Passion"

Un lucru este cert: într-o lume de dosare-plic, anxietăți în trafic și aventuri amoroase frânte, ciocolata este o oază de senzații.

Jane Arthur,
din „The Sweet Truth About Chocolate"

Alimente preferate: caviar, trufe, șofran, ciocolată, zmeură, rodii, ciocolată, scoici, moluște, ciocolată, cafea, șampanie, ciocolată. Ciocolată, întotdeauna ciocolată. Absolutul, acea grație salvatoare, singura perfecțiune serioasă.

Alex Szogyi,
din „Chocolate: Food of the Gods"

Ciocolata este captivantă, caldă, mătăsoasă, reconfortantă, dulce-amăruie.

Anonim

Ador ciocolata neagră, dulce-amăruie... este probabil unul dintre cele mai bune motive pentru a trăi.

Anjelica Huston, n. 1951,
din „The Sunday Express Magazine", 4 martie, 2001

Îmi aduc aminte zilele timpurii
la școală când o mătușă venea
și mă scotea în oraș după-amiaza.
Era mereu vorba
de o excursie plictisitoare...
dar eram întotdeauna
recompensat pe măsură
cu o vizită la Casa ciocolatei
de pe Regent Street
(demult dispărută, din păcate).

Acolo puteam să mă bucur

de cel mai mare,

cel mai siropos ecler de ciocolată

și o ciocolată caldă.

Aia era viață!

Sara Jayne-Stanes,
din „Chocolate: The Definitive Guide"

Ciocolata este alimentul perfect pentru vedere, mirost și gust. Apreciem suprafața catifelată cu diferite straturi lucioase și tonuri de maro; distinctivul miros dulce; sunetul satisfacător pe care îl scoate atunci când mușcăm dintr-o bucată, urmată de transformarea ciocolatei din starea solidă într-un lichid cald, bogat și vâscos ce îți căptușește întreaga gură.

Ian Marber,
din „The Daily Telegraph", 6 aprilie, 2001

Mmmmmmmmmmm, ciocolată!

Homer Simpson

*...un dulce atât de nobil,
mai mult decât nectarul
și ambrozia, adevărata
hrană a zeilor.*

Dr. Bachot

...iubitorii de ciocolată își trăiesc
viața fără un vocabular cu termeni
specializați – ei pur și simplu
știu atunci când este bună
și ochii dați peste cap sau
un oftat adânc sunt suficiente
pentru a comunica asta.

Christine McFadden și Christine France,
din „Chocolate"

Ciocolata este singurul ingredient
din lume care se topește pe limbă
la temperatura corpului și acest lucru
este o imensă, de fapt, o intensă experiență
satisfăcătoare pentru că ai parte de această
ciocolată caldă lichidă ce îți explodează
în gură și acest lucru este foarte, foarte
senzual și foarte reconfortant.
Nu există nimic ca ea și este destul
de asemănător cu sexul și orgasmul.

Sara Jayne-Stanes,
din „Chocolate: The Definitive Guide"

*Nu este vorba că ciocolata este un
substituent pentru dragoste...
Dragostea este un substituent
pentru ciocolată.*

MIRANDA INGRAM

Le chocolat, c'est le désir fundu.
Ciocolata este dorință lichidă.

Caroline Ball

...cel care mănâncă ciocolată îi va simți aroma înainte ca aceasta să ajungă la papilele gustative. Această aromă declanșează un stimul care este susținut mai departe de papile. Cele două se combină pentru a crea un gust cel puțin extraordinar.

Alan Davidson, critic culinar,
din „Tastes, Aromas and Flavours"

Cine nu a așteptat cu respirația tăiată o tavă de negrese (cu ciocolată) moi și apetisante să se răcească sau a tăiat o budincă de ciocolată și a privit cu anticipare cum centrul întunecat și lipicios se întinde în farfurie?

Kate Elms,
din „Good Housekeeping", aprilie 2000

...opere cu adevărat magnifice pot fi create cu multă pricepere și toate vor fi privite cu mult entuziasm, pur și simplu pentru că sunt făcute cu ciocolată.

Jennie Reekie

Aș fi intrat la terapie dacă ciocolata nu ar fi fost mai rapidă și mai dulce.

Téa Twise

Nouă din zece oameni adoră ciocolata. A zecea persoană întotdeauna minte

John G. Tullius, n. 1953

[Când mănânci ciocolată] pur și simplu simți o căldură, o strălucire ca și cum ești înfășurat în catifea. Este genul acela de sentiment și este un lux. Te simți ca și cum ai fi foarte bogat, foarte înstărit...

Odette Lesley, n. 1924,
din „Hooked – Britain in pursuit of Pleasure
1900-1975

Un studiu la care au participat 8000 de persoane cu vârsta peste 65 de ani a descoperit că cele care consumau ciocolată de două sau trei ori pe lună au trăit cu un an mai mult decât cele care nu mâncau niciodată. Antioxidanții din ciocolată s-ar putea să fie responsabili de acest lucru – sau poate consumatorii de ciocolată au pur și simplu mai multe motive de a trăi.

Din revista „SHE", aprilie 1999

Ingredientul secret al lui
Florence Nightingale pentru
o recuperare rapidă era ciocolata,
despre care spunea că
este un ingredient esențial
în îngrijirea sănătății.

Anonim

Satisfacție

Copiii o savurează.
Îndrăgostiții o împart.
Ciocoholicii o ascund.
Oamenii bogați o împart cu bucurie.
Femeile însărcinate o poftesc.
Femeile au nevoie de ea.
Persoanele senzuale se răsfață cu ea.
Păgânii o venerează.
Hedoniștii se bucură de ea.
Toată lumea o mănâncă.

Elaine Sherman

Este binecunoscut că promisiunea ciocolatei poate convinge copiii să supraviețuiască unei cine cu ficăței și fasole, și adulții unor proiecte dificile și plictisitoare.

Catherine S. Elliott,
din „Curing Irrationality with Chocolate Addiction"

Alte lucruri sunt doar mâncare. Dar ciocolata este ciocolată.

Patrick Skene Catling, n. 1925

Pe o insulă pustie este lucrul care îmi va lipsi cel mai mult.

Tamara Rojo

...nimic nu are un gust mai bun și nici nu ne stimulează și nu ne satisface gusturile precum ciocolata. Nimic din lume nu are complexitatea aromelor și a mirosurilor.

Sara Jayne-Stanes,
din „Chocolate: The Definitive Guide"

CIOCOLATA: O SURSĂ

BOGATĂ, SENZUALĂ DE PLĂCERE PURĂ.

Antony Worrall Thompson

Iubesc prăjitura diavolului bogată
și neagră, ornată cu flori din cremă de unt.
Așa că de ce îmi vine să tremur convulsiv
doar la gândul acestor delicii savuroase?

Cherie Baker

Atunci când ești obosită și plictisită.
Atunci când ai nevoie de o îmbrățișare.
Găsești confort într-o bucată imensă
de prăjitură cu ciocolată. Această decadență
îți va îmbunătăți imediat starea de spirit.
Și doar ca să fii sigură – mai ia o bucată.

Stuart & Linda Macfarlane

A existat vreodată
o creație mai dumnezeiască,
mai divină?

Anonim, din „Chocolate"

Te flatează o perioadă;
te încălzește pentru o secundă;
și apoi, dintr-odată,
aprinde o febră mortală în tine.

Madame de Sévigné 1626-1696

Acea puternică satisfacție
pe care o ai după ce savurezi
o bucată delicioasă de ciocolată
este asemănătoare cu sentimentul
de împlinire când ai parte de
o poveste de dragoste grozavă.

Kay Allenbaugh,
din „Chocolate for a Lover's Heart"

Dacă ciocolata este
alimentul dragostei,
atunci tot înainte.

Anonim,
din „The Little Book of Chocolate"

De la genunchi,
faci ciocolata.
Între mâini, o frământi.
Privind la ceruri o mănânci.

Proverb mexican

Nu mă pot opri să nu mă
gândesc la ea. Muncesc
cu ea, o mănânc și o trăiesc.
Este cea mai delicioasă aromă
care mi-a atins vreodata buzele.

Joy Moore,
din „The People", 15 noiembrie, 1998

Rareori dorința mea
pentru ciocolată a fost scăzută,
chiar și în momente
de pericol maxim.

Marcel Desaulniers,
autor al „Death by Chocolate"

A FOST DRAGOSTE
LA PRIMA
MUȘCĂTURĂ.

Stuart și Linda Macfarlane